（宋）孔傳 撰

東家雜記

國家圖書館出版社

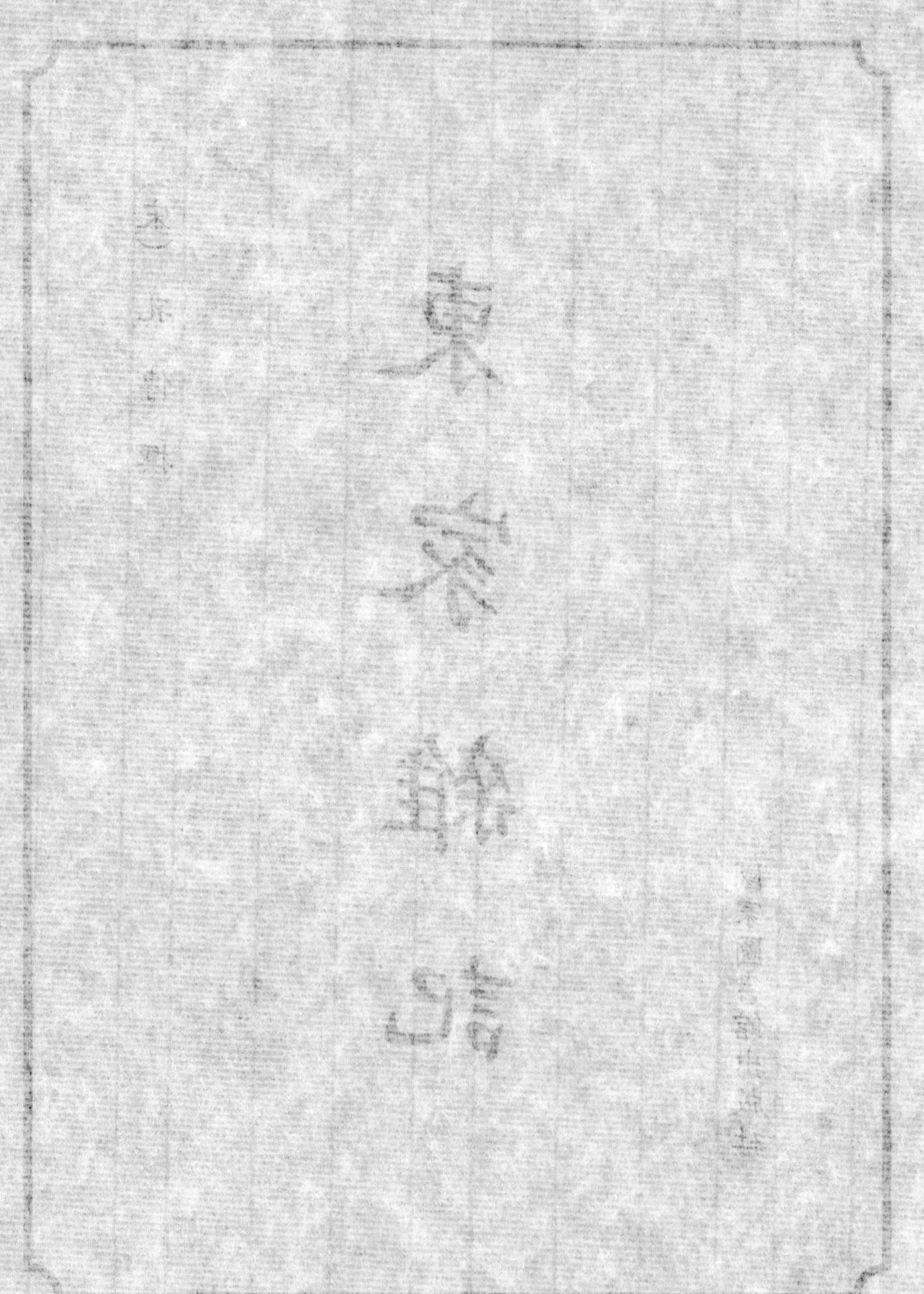

東京夢華錄

影宋鈔本原大影印
據國家圖書館藏書

圖書在版編目（CIP）數據

東家雜記：一函二册/（宋）孔傳撰. —— 北京：國家圖書館
出版社，2024.8. —— ISBN 978-7-5013-8197-5

I. K820.9；B222.25

中國國家版本館CIP數據核字第2024PF1728號

書　名　東家雜記（一函二册）

著　者　（宋）孔傳　撰

項目統籌　殷夢霞　張愛芳

責任編輯　張慧霞

出版發行　國家圖書館出版社（北京市西城區文津街七號　100034）
　　　　　（原書目文獻出版社　北京圖書館出版社）

網　址　http://www.nlcpress.com
　　　　010-66114536　63802249　nlcpress@nlc.cn（郵購）

印　裝　杭州名典古籍印務有限公司

版次印次　2024年8月第一版　2024年8月第一次印刷

開　本　193×291　1/16

印　張　5.75

書　號　ISBN 978-7-5013-8197-5

定　價　380.00圓

版權所有　侵權必究

本書如有印裝質量問題，請與讀者服務部（010-66126156）聯繫調換。

序　言

中國是文明古國，國有史，郡有志，家有乘（族譜、家志）。普通人家，有譜無志，而曲阜孔氏則屬例外。自西漢『罷黜百家、獨尊儒術』，爲孔子立《世家》於正史，確立其千年不替之歷史地位，關於孔門的詔敕封贈、祭祀禮儀、典章文物，實與國史、儒學相輔翼，可以説既是國史、儒學史料，又是祖庭珍貴文獻，況孔氏詩禮相繼，弦歌不輟，論撰先祖聖德，明著世家隆替，可無家乘記之乎？考孔氏，譜、志之作歷史悠久：《三國志》《世説新語》等已引有《孔氏譜》，志則始於宋宣和六年（一一二四）孔子四十七代孫孔傳所纂《孔氏祖庭雜記》，其書發凡起例，記載頗備，值建炎不暇鏤行，四十九代孫祥符縣主簿孔璟重加編次，刊布於世，『縉紳之流，靡不家置，獲覽聖跡，與夫歷代褒崇之典，奕葉繼紹之人，如登崑崙，而披日月，咸快瞻仰』（孔元措《孔氏祖庭廣記》），及孔傳隨宗子端友南渡，痛祖庭之淪陷，不忍質言，改『祖庭』爲『東家』，別成《東家雜記》一書。

孔傳原名若古，字世文，晚號杉溪。嘉祐進士，龍圖閣學士、御史中丞孔道輔孫，左中散大夫舜亮子，在曲阜孔氏『五位』中屬中散位。紹興中，官至右朝議大夫，知撫州軍州事，兼管内勸農使。封仙源縣開國男。考舊之著録，《孔氏祖庭雜記》一書雖有著於宋乾道二年（一一六

[illegible]

二八

（六）泉南郡庠刻本者，然世人終不得一見，故《東家雜記》爲所知現存最早之孔氏家志。其書成於宋紹興四年（一一三四），上下二卷，上卷分九目：曰姓譜，曰先聖誕辰諱日，曰母顏氏，曰娶亓官氏，曰孔子追封謚號，曰歷代崇奉，曰嗣襲封爵沿改，曰仁廟朝改衍聖公告，曰鄉官。下卷十二目：曰先聖廟，曰手植檜，曰杏壇，曰後殿，曰先聖小影，曰廟柏，曰廟中古碑，曰本朝御製書，曰廟外古跡，曰齊國公墓，曰祖林古跡，曰林中古碑（含宅圖）。卷首之《北山移文》《擊蛇笏銘》《元祐黨籍》三篇不入卷，不列目，殊感不類，疑非傳意。而下卷《續添襲封世系》《四十六代孫宗翰序》《四十八代孫端朝序》《五十代孫擬序》諸篇，疑即孔擬所添，其《序》曰『至若歷代追崇之盛典，備見中散公所著《東家雜記》，茲不復云』，似可見之，且元覆宋本此即無收，遞修本雖收，筆劃如新，顯爲續刻，亦可佐證。然諸篇雖非原書之舊，卻是研究孔氏之重要文獻。至於卷首之《杏壇說》，記：「夫子車從出國東門，因睹杏壇，逡巡而至，歷級而上，弟子侍列，顧謂之曰：「茲魯將藏文仲誓盟之壇也。」睹物思人，命琴而歌。歌曰：「暑往寒來春復秋，夕陽西去水東流。將軍戰馬今何在，野草閑花滿地愁。」」孔子之時無此體，顯係僞作。

《東家雜記》源自《孔氏祖庭雜記》，其時去古未遠，舊跡多存，

且有些爲傳目睹親歷，故能廣稽博考，信而有徵，成爲記載祖庭見聞、

林廟文物與闕里建置之重要典籍與權威著述。此書一經問世，便受到學

界高度重視，陸續出現了多個文本，迄今尚存者，如國家圖書館藏宋刻

遞修本，及若干影宋鈔本等。宋刻遞修本，以版過老舊、文字漫漶，如

卷下目録中間竟成空白，難爲承學之士所用。而尤令人遺憾的是，《中

華再造善本》影印是本，編排時將原置卷首之《杏壇說》及《北山移

文》《擊蛇笏銘》《元祐黨籍》數篇文字誤移上卷，插入《姓譜》間，

給讀者造成困惑與不便。而此清影宋鈔本的出版，恰可彌補其憾，使讀

者一睹頂級藏品之真容，并藉校他本之非是。今觀此本，凡半葉十行，

行十八九字，白口，左右雙邊，書口下方有楊端、王子正等刻工署名。

楷書精整，版式疏朗。末有明成化二十一年（一四八五）十月袁則明

跋，清康熙五十七年（一七一八）四月萊荑山人席鑑跋。據席跋，此爲

毛省庵（扆）從何義門（焯）家藏宋刻本影鈔，席氏康熙五十五年仲夏

得之汲古閣中。後歸上海涵芬樓，現藏國家圖書館，鈐印有：「涵芬

樓」朱文長印，「涵芬樓藏」白文方印，「海鹽張元濟經收」朱文方

印，「韻齋手鈔秘笈」朱文長印，「北京圖書館藏」朱文方印，及「趙

宋本」「墨妙筆精」「席鑑之印」「席氏玉照」「丽南樓藏」「孫育之印」

「七峰道人」「義門夏氏」「釀華草堂」「詠周孔之圖書」「虞山席鑑玉照

氏收藏」「春湖居士七峰山人」「仲殷」「自怡閣」「雄仲書印」「周谿

沈氏」等舊藏印，與席鑑跋尾之「席鑑」「別字英山」二印。卷内祖諱

「丘」及勾、敬、征、弘、玄、寧、禎、完、桓、慎、貞、曄、淳等字

缺筆，及所注「御名」「名犯廟諱」之類，悉如刻本之舊。

予治孔氏二十餘年，所成多蒙同道謬許。三年前，助浙江衢州學

院編《孔氏南宗文獻叢書》，孔傳為衢州開派始祖、南渡孔氏關鍵人

物。去冬，應聘纂輯《濟寧文獻集成總目》，濟寧係孔孟故里，又遇孔

傳。其著述兩地文獻叢書均可入選。孔傳在孔族史上是繼漢孔安國、

唐孔穎達之後著名學者，長於舊聞軼事，輯有類書《後六帖》行世。

其《東家雜記》為闕里文獻要籍，後出如《孔氏祖庭廣記》《闕里志》

無不宗尚，受其影響。今蒙國家圖書館出版社以清影宋鈔本《東家雜

記》序事相托，予與孔氏，與孔傳，可謂深有緣矣，敢不勉力乎！予

素知國圖出版社熱心學術與優秀傳統文化，長期致力於古籍影印，使

大批孤秘之本化身千百，奉獻之巨，學界無不交口稱譽，相信此影宋

鈔本的出版，當不獨有功孔氏，有功儒林也。

周洪才

二〇二四年七月二十九日寫於濟南山大寓所

目録

目録

二